Milja Kungas

Äiti, tanssi taas hississä

©2024 Milja Kungas
Kuvitus ja taitto: Taru Kantonen
Kustantaja: BoD - Books on Demand, Helsinki, Suomi
Valmistaja: BoD - Books on Demand, Norderstedt, Saksa

ISBN: 978-952-80-8215-6

Kiitos elämäni ihmisille,
menneille, oleville ja
tuleville.

- Milja

Herättele rauhassa

Jaksa odottaa vielä hetki.

Anna sateen
kastella juureni,
jotta uudet silmut
pääsevät puhkeamaan
ja versot kurkottamaan
kohti aurinkoa.

Olen talvesta
ja unettomista öistä väsynyt.

Herättele rauhassa, rakkaani.

Omenapuut

Omenapuut kukkivat
kuin viimeistä päivää.

Sydänalassa piipahtaa tunne,
sitten toinen.

Kolmatta en uskalla vielä ajatella.

Tulee
                kun
                                tulee.

Jäätelöllä

Ensimmäisenä iltana itkit.
Mietit menneitä ja tulevia.

Muistit, miltä tuntuu unohtaa.

Seuraavana päivänä syötiin jäätelöt
ja puhuttiin ihan muuta.

Kyllä me tästäkin selvitään.

Ei kolhuitta
mutta rakastaen.

Äänet

Äänet herättävät aikaisin.
Haluavat meidän saavan irti kaiken sen
josta voi kerätä voimia tulevaan.

Päivä on pitkä.

Elämä lyhyt.

Juuret

Kun on saanut vahvat juuret
ja kantavat siivet,

selviää kompastelustakin aina pystyyn.

Voi pudistella pölyt päältään
ja hekotella hetken.

Kanavalla

Täällä ovat juuret ja sydän.
Kahden järven välissä, kannaksella kapealla.
Kanava on vaiti enää hetken,
kohta sen valtaavat sorinat ja porinat, ilo ihmisten.

Kurkkasin minä muuallekin,
kävin turuilla, toreilla, tornin juurella,
mutta ei maailmasta parempaa paikkaa löytynyt.

Mustikkaa kasvaa takapihalla, kantarellia jalanjuuressa.
Maitokahvia saa hienoillakin nimillä.
Sitä paitsi täällä asuu rakkaus.

Muisto

Ensimmäisen muiston ääriviivat
ovat piirtyneet mieleeni tarkasti —
selvinä ja sinisinä.

Jos olisit pyytänyt,
olisin seurannut sinua maailman ääriin.
Mutta hyvä näinkin.

Vyöry

Olitko jäädä alle?
Vyöryikö ylitsesi?

Litisti,
painoi,
pienensi.

Olit varma, että nyt koittaisi viimeinen kevät.

Mutta tuli valonsäde, herätti eloon ihon ja silmät.

Kannatteli sylissään.

Sai hymyn muuttumaan aidoksi.

Silta

Ei se ole mikään este, rakennetaan silta.
Sellainen, jonka yli uskaltavat myös kaikkein
pelokkaimmat, hauraimmat ja heikoimmat.
Sellainen, jonka toisella puolella olevista asioista ei voi olla varma.

Kun ei tarvitse tietää, ei tarvitse odottaa.

Toisaalta voi odottaa suuria.

Kihelmöivää, eikö.
Jonnekin se vie, ja se kannattelee.

Maja

Rakennetaan maja.
Sellainen, jonne sopivat
ehjät ja rikkinäiset,
pitkät ja lyhyet,
onnelliset ja onnettomat.

Jonne valonsäteet pääsevät pujahtamaan.
Jossa seinät eivät kaadu päälle.
Rakennetaan maja puun alle,
puuhun, takapihalle tai lähimetsään,
kerrostalon pihalle tai ullakolle.
Katetaan pöytä, jos tulee vieraita naapurista tai kauempaa.

Sillä kukapa ei majoja rakastaisi.

Ja majanrakentajia.

Älä sinä haaveitani hautaa

Älä sinä haaveitani hautaa,
älä tunteitani tukahduta,
älä unelmiani iske maahan.

Anna minun säilyttää
silmänpilke,
hymynkare,
taivaanrannanmaalarin tahto.

Sillä loputtomasti minä iloitsen
tulevasta, olemattomasta tai olevasta.

Pääsen heittämään hetkeksi nurkkaan äänettömät taakat,
lausumattomat painot, tukahdetut huokaukset.

Anna pikkuisen seikkailla,
tanssahdella unelmien ulottuvilla.

Kirje

Jos se kirje olisi tullut perille,
elämäni voisi olla nyt ihan toisenlainen.

Laskuvarjohyppy tuntemattomaan.

Mummola

Mummolan pöydässä oli kirjailtu liina.
Lattialla räsymatto, jossa isoisän pyjama
ja serkun kauluspaita.
Kahvi tuoksui aina,
eikä pullasta ollut pulaa.
Kirjojakin ehdimme lukea.

Siskon luistimet

Siskon luistimet olivat vanhat, hiersivät kantapäät verille.
Niillä se silti sitkutteli menemään, ei antanut periksi
vaan kiisi vimmaisesti eteenpäin sen minkä jaloistaan pääsi.

Se kiipesi vuoden vanhana korkeammalle mäelle kuin olisin ikinä
uskaltanut, laski hurjana lumen pöllytessä ympärillä.
Posket märkinä ja punaisina vauhdista ja onnesta.
Kiipesi ja laski yhä uudestaan.

Ei tarvinnut ketään ja kuitenkin tarvitsi.
Silloin ja nyt. Sillä tavalla kuin
me ihmiset toisiamme tarvitsemme.

Tuuli

Sinä päivänä tiesin, ettei tuuli sisälläni tyyntyisi.
Yhä uudelleen se pyysi vaihtamaan suuntaa,
milloin etelään, milloin pohjoiseen,
milloin eteen, milloin taakse.

Sinä päivänä aalto löi rantaan kuin viimeistä päivää.
Jokaisella loiskauksellaan yritti kuohua jonkin vanhan ylitse,
puhdistaa kuonaa meistä kauemmaksi.

Sinä päivänä olin melkein valmis aloittamaan alusta,
etsimään ainakin yhden uuden kulman.

Sitten sinä tulit ja sanoit, että rakastat minua.
Siihen minä jäin.

Rannalla

Kävelin tänään rannalle katsomaan,
minne asti näkisin. Olin aika varma, että näin kuvajaisesi vedessä.
Väreilit pinnalla hiljaa, ihan rauhassa.
Tulit lähelle heijastuksena, jossain siellä koivunlatvuksessa.
Pyyhkäisit poskea lempeänä tuulena.
Pysyit paikoillasi pohjaan juurtuneena kivenä.

Eilen kävit pihalla perhosena,
lentosi näytti kovin kevyeltä.
Mustarastas laulaa iltalauluaan,
sinä se varmaan olet.

Käyt katsomassa, miten täällä menee.
Kiitos, ihan hyvin me olemme pärjänneet.
Elämä on monimutkaista ja toisaalta kovin yksinkertaista.
Sinua on kova ikävä, aina hetkittäin.

Hopeapaju

Yhtäkkiä olet taas kaikkialla.

Metsän lävitse työntyvissä auringonsäteissä,
jotka herättelevät hopeapajun välkkymään.

Niin lämpimissä illoissa,
ettei alati kylmiä varpaitakaan palele.

Valossa keskikesän taivaan,
vihreydessä pitkien puiden.

Minussa. Ja kaikkialla.

Aivan kuin et olisi koskaan lähtenytkään.

Kohta on kesä

Kohta on kesä.
Saa maata apilaniityllä,
kuunnella peipon, mustarastaan ja västäräkin iltalauluja,
tuoksutella uusia tuulia,
laskea omenapuunkukkia,
nähdä pilvissä tutut kasvot ja
auringonlaskussa erään päivän muistot.

Antaa ajatuksen vaeltaa niin kauas kuin uskaltaa,
ja palata taas takaisin tuttuun hellään iltaan.
Kohta on kesä.

Mahdollisuudet

Lempeinä kesäiltoina kuuntelen tuulen kuiskuttelua,

kertomuksia menneestä, olevasta ja tulevasta.

Löydän mahdollisuuksia,

kipitän kepeästi kohti uusia aamuja.

Annan onnen etsiytyä luokseni.

Kesä

Sinä aamuna
puut puhkesivat kukkaan
ja tuomi tuoksui valtoimenaan.
Kesä leikki poskipäillä.

Vesi

Minä herään yhä uudestaan

sylissäsi viileässä.

Lumpeenlehti tarttuu hiuksiin.

Kalaparvi vierellä kiirehtii.

Roiskin, polskin, kellun, etenen, pysähdyn.

Sinä tuhansin pisaroin välkkyvä vesi.

Sinussa minä alan ja lopun.

Eräs kesäpäivä

Tänään sinisellä taivaalla
seikkailevat ystävälliset pilvet.
Jättävät mahtailun sikseen.
Etäällä kuuluu laivatorven ääni,
ilmoittaa vaihtavansa järveltä toiselle.
Tänään hyttysenpurema kutittaa vähemmän kuin eilen.
Käsivarren pisamat ovat lisääntyneet.

Voi melkein kuulla oman hengityksensä.

Rentouttaa leukansa, otsansa ja antaa ajatusten virrata.

Ja mihin kaikkialle ne kulkevatkaan, lähelle ja kauas.

Uimaan tekisi mieli.

Lapsuuden rannalla

Lapsuuden rannalla kaislikon takana
aukesi avara maailma. Veteen jaksoi
kirmata tuhat kertaa kesässä.
Aurinko paistoi aina, silloinkin kun satoi.
Kaulushaikara lauloi kumealla äänellään,
palasi aina tuttuun kaislikkoon.

Vuosia myöhemmin kaislikkoa
raivattiin pois, jotta uimareiden
elämä helpottuisi.

Mutta itsepintaisesti se kasvoi aina takaisin,
heräsi auringonnousuun, uinahti auringonlaskuun.

Tanssi tuulten mukana.
Näki monta rakkautta ja rajuilmaa.

Sudenkorento

Sudenkorennon tanssi,
auringonläike sen
s i i v i s s ä.

Polttava hehku,
liekkien loimu,
loputtomat kesäyöt.

Kätesi oli lämmin ja hyvä.

Ilo

Loputtomasti minä pisaroin iloa,
                    kun v a l o lisääntyy

ja ihmisten hymyt ulottuvat silmiin saakka.
                    Lämpö kieputtaa ympäri sydämen
                            ja vihreä sopii sinisen viereen.

Syntyy vettä

En pysty muuttamaan tätä maisemaa sanoiksi.
Vesi on voimallisempi kuin sanat, joilla sivallat tai hyväilet.

Vedenpintaan heijastuvat väreilevät kuvat.
Vesi on tyyni mutta pinnan alla kuohuu.
Siellä huutavat kalat, milloin onneaan, milloin hätäänsä.
Siellä huokailevat simpukat.
Siellä huojuvat kasvit vedenalaisessa metsässä.

Taivaalla syntyy uusi tähti.
Vety ja happi kohtaavat, niin kuin ovat aina kohdanneet.
Syntyy vettä. Tiedätkö sinä mitään tärkeämpää?

Revontulet

Hurjana leimuaa taivaan tanssi.
Haluaa kertoa, että on täällä oltu ennen teitä.

Jos hylkäät minut, kadotat värit.
Jos rynnit eteesi katsomatta,
poljet allesi tuhannet toiveet.

Tanssi, tanssi sinäkin meille ja muille,
lupaa, ettet liikoja vaadi,
ettet piloille pistä,
että vielä tuhannen vuoden päästä
näkyvät revontulien leikit.

Ikirouta

Eniten haluaisin,
että voisimme elää rauhassa ja sopusoinnussa
luonnon kanssa.

Ja että meillä olisi vielä huomennakin neljä
vuodenaikaa.

Ei polteta siltoja maapalloon,
ei sulateta ikiroutaa.

Ikihonka

Ikihonka ihana.
Perhosvaikutus ja pisara.
Metsä tuolla, järvi täällä,
monenlaista mielenpäällä.
Tänne ne voi tuuleen huutaa,
kajauttaa kallioon,
leiskauttaa puunlatvaan.
Elokuu, syys vai kesä,
vieläkö tänne mahtuu linnunpesä.
Oltaisiinko niin, että pysyisivät vuodenajat,
mahtuisivat tänne eri eläjien majat.
Oi, luonto on.

Sienirihmastot

Kostea metsä on vaitonainen.
Sienirihmastot eivät puhu, tai jos puhuvat,
niillä on salainen kieli.

Linnut ovat kevään ja kesän pesimisistä uupuneita, eivät
jaksa enää huutaa ja laulaa täyteen ääneen.

Haituvahiippo, mantelihapero, karvarousku ja kaverit.
Sienten lyhyt oppimäärä on pidempi kuin miesmuisti.

Paitsi jos on vain kantarelliin katsominen.

Ollaan rauhassa

Tyynnytä mieleni kuin pinta veen,
kanna kynnyksen yli ja eteiseen.
Kerro ummet ja lammet,
ikihongat ja tammet,
vesipisarat iholla.
Ollaan rauhassa.

Anna anteeksi lapseni,
ettei maailma ole tämän
kummempi.
Saa täällä seikkailla
mutta joskus siipeen voi osua.
Annetaan lohtua.
Ollaan rauhassa.

Vielä kuuluvat järvellä kuikat,
vielä vaihtuvat vuodenajat.
Muut ovat olleet täällä kauemmin,
miksemme osaa tämän paremmin.

Ei rikota äänivalleja.
Ollaan rauhassa.

Silmänräpäys.
Kaunis hetki.
Ollaan rauhassa.

Asiat

Asiat ei oo mustavalkoisia.

Ne on sammalenvihreitä,

auringonnousunpunaisia ja

alkuillansinisiä.

Tango

Voi ei, mä taisin taas nähdä vahingossa unta.
Sitä samaa jossa tanssittiin tangoo, kaukaisella rannalla.
Oli hiekkaa, oli kuuma, oli aitoo, kun soi joku mi amor.
Otit kiinni, juuri niin kuin pitääkin. Ei varmaan kukaan osais
paremmin. Niin, että samaan aikaan värisyttää ja tekee kipeää.
Kun lantio ja käsi kohtaa.

Puhuttiin elämästä, miten hassusti se meitä heittelee. Sanoit, että
maailman ihanin olento on sudenkorento, mut sekin on peto.
Kysyit, uskonko Jumalaan vai biologiaan.
Kysyit, haluunko tietää, mitä oikee rakkaus on,
ja ennen kuin ehin vastata, sä jo sanoit:

> Sitä rakastaa siinä hetkessä niin paljon,
> että unohtaa kokonaan pelätä kuolemaa.

Sydän

Mun sydämessä on paljon tilaa.
Siellä ne mahtuvat asumaan rinnakkain,

sydänsuru

        ja

            sydänilo.

Tee ehjäksi

Tee ehjäksi se mikä on rikottu.
Ripottele onnenmurusia sinne, missä surukin kävi.

    Pala palalta

        kohenna vanhaa ja hyvää.

Älä polta mua loppuun

Älä polta mua loppuun molemmista päistä
tuhkaksi, uupuneeksi
rumaksi, lohduttomaksi.

Sytytä mut
uudelleen
roihuksi palavaksi
liekiksi tanssivaksi, kaartuvaksi
leikiksi loputtomaksi.

Yksi sana

Sano mulle sana, sano yksi vain.
Laula lumesta ja jäästä tai keväisestä säästä.
Anna valon tulla sisältäsi,
siirrä vähän minuun päin.
Kun paleleva on tää käsi,
jota pidän sylissäin.

Rappusilla pysähdyn ja ihmettelen maailmaa,
miten kaiken tämän keskellä
se osaa vielä osoittaa
ihmisille paikkoja toistensa viereen.

Ohi kävelevä tarttuukin käteen.
Kun mä kysyn, vastaa jotakin.
Vaikka varmaan nyt jo aavistin,
että hiljaisuutta kaipaat taas,
on turha huutaa lujempaa.
Sano silti yksi sana vain,
yksi vain.

Kesäheila

Kun Pave kysyi,
lähtisinkö hänen kanssaan järvelle,
ajattelin, mikäs siinä,
istuinkin sen kanssa penkille.

Nätti poika katsoi auringonlaskuun.
Pujotin kädet housuntaskuun.
Tuli lämpö, sitten lempi,
poika hiukan vielä empi.

Sanoi ettei toipunut oo edellisistä kesistä.
Kun ne linnutkin lensi pois pesistä.
Poika tuli, poika meni,
mennessään ilman viilenteli.

Ja aina on uusi kevät

En mie rakkaudesta mittään tiiä,
mut sen tunteen mie ehkä tunnistan.
Se sukeltaa salaa sisälle
ja kietoo sydämen silkkihuiviin.
Se panee mielen hyppimään
hyppynarulla ja ihmisen törmäämään
lyhtypylväisiin.

Se ulvoo yöt ja haaveilee päivät.
Sitten se alkaa levitä lämpimäksi
vaahtokylvyksi, johon on helppo
laskeutua ja levähtää hetki.

Siitä tulee kohtauspaikka,
jossa on tilaa hyville ja huonoille tunteille.

Se pitää kädestä kiinni
eikä anna pudota reunan yli.
Tai jos putoaa,
nostaa ylös
yhä uudelleen ja uudelleen.

Siinä katse saa viipyillä,
hymy olla hiljainen.
Juhannukset vaihtuvat jouluiksi
eikä kukaan enää muista,
mistä alun perin oli kyse.
Siinä se on ja pysyy.
Ja aina on uusi kevät.

Sammal

Sinä rauhoitat minua kuin meri,
kuin pehmeä sammal sinä maadoitat minut.

Eikä minun tarvitse kulkea
enää sydän syrjällään.

Lapsi

Hei, anna mun halata!
Ota mut syliin!
Anna mun suuttua!
Kato mua!
Puhu mulle!
Kuuntele mua!
Anna mun olla rauhassa!
Anna mun hypätä lätäkköön!
Ole mulle jämäkkä!
Kannusta mua!
Juo mun leikkikahvit!
Tee mulle oikea aamupala!
Anna mä kokeilen ite!
Anna mun tehdä virheitä!
Anna mun oppia!
Neuvo mua!
Lue mulle sama satu uudestaan!
Mee pois!
Tuu takas!
Älä jätä mua yksin!
Pidä musta huolta.

Komero

Piiloudun tänään komeroon.
Suljen silmät ja kuvittelen, että siirtyisin ajassa
taaksepäin neljännesvuosisadan.
Siellä valitsisin.

Ehkä saman, ehkä eri suunnan.

Lapsi avaa oven ja kurkistaa sisään.
Hänestä ei ole kivaa, että äiti leikkii piilosta
kertomatta muille.

Lapsiperhediagnoosi

Vuotava nenä.
Kumea yskä.
Kuumekouristus.
Korvatulehdus.
Allergia sille, tälle ja tuolle.
Infektioastma.
Sisäilmaoireita.
Vesirokko.
Kylmät jalat ovat merkki kuivumisesta.
Naarmuja.
Mustelmia.
Kasvukipuja.
Korkeat tulehdusarvot.
Krooninen suolistosairaus.
Vapinaa.
Liikehäiriöitä.
Puhdas magneettikuva. Häikkää aivosähkökäyrässä.
Lapsiperhediagnoosi. Sen kanssa oppii elämään.

Unenlämmin

Lapsi on unenlämmin.
Tuoksuu hyvin nukutulta yötä.
Se halusi oman huoneen
mutta ei uskalla nukkua siellä yksin.
Valtaa taas alaa.
Vanhemmilla on sängyssä ahdasta.
Aamulla jäseniä kolottaa.

Mutta ajattelen, että vain hetken.
Kohta huutelen täällä jo
tyhjille seinille
ja ikävöin perään.
Katson nukkuvaa lasta.
Meistä hän on tullut,
meiltä hän on lähtevä.
Olkoon siinä nyt.

Esikoinen

Olit pieni. Mahduit kämmenelle.
Hienointa, mitä olimme saaneet aikaan.
Kun synnyit, mietin,
tulisiko sinusta koulukiusaaja vai koulukiusattu.
Jossain luki, että ei kannata antaa tuttia.
Kolme viikkoa itkit.
Heijattiin, heijattiin taas,
toisessa päässä peittoa äidin käsi,
toisessa isän. Ei uskottu. Annettiin tutti.
Pidettiin lähellä.

Olit pitkään tosi pieni.
Et irrottanut otettasi sormesta,
kun harjoittelit kävelemistä.
Madalsit ääntäsi miesten seurassa ja
puhuit autoista ja koneista.
Yhtäkkiä kasvoit silmien tasolle, sitten ohi.
Nyt kysyt, "äiti, otatko kahvia?"

Keskilapsi

Tämän täytyy olla maailman iloisin lapsi.
Sillä ei ole koskaan murhemieltä,
silmät koko ajan naurusta sikkaralla.

Tanssii, laulaa, hyppii, nauraa.
Rummuiksi käyvät padat, kattilat,
sohva, tuolit, pöydät,
televisio ei kapuloita niin hyvin kestänyt.

Olet pikkuveli, isoveli, keskilapsi.
Kasvat hurjasti,
näytät välillä vakavaakin naamaa.
Vielä me sinusta naurun esiin saamme,
ja halatakin pitkään.

Tähtipoika

Tähdistä tipahti,

yllätti, sekoitti,
meidät poika hurjapäinen,
hento, vahva, itsepäinen.

Tahtoo ehtiä samaan tahtiin,
mieluummin yli ja ympäri.

Vilkuttaa kaikille vastaantulijoille,
empimättä, erottelematta.

Ujo ja rohkea.
Kiukkuinen ja iloinen.
Tunnissa elää kaikki tunteet.

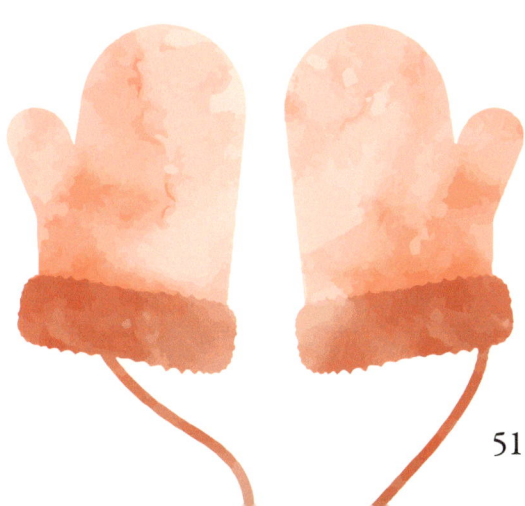

Keinu

Istun leikkipuiston keinussa selälläni.
En pysty keinumaan, koska keinumisesta tulee paha olo.
Mutta istun ja ihmettelen.
Olen aikuinen lapsen paikalla.
Maailma on siitä näkövinkkelistä ylösalaisin.

Puut korkeita.
Taivas älyttömän sininen.
Ilmassa tuoksuvat kaikki mahdollisuudet.
Eikä tule yhtään paha olo.

Sydäntunne

Miksi asettaa vastakkain järki ja tunteet?
En tiedä mitään niin järkevää kuin sydäntunne.

Kuperkeikka

Taisi sydämeni tehdä kuperkeikan,
kun näin sinut ensi kerran.

Jäi hyvällä tavalla
                              vinksalleen.

Vaahtopäät

En tiennyt, että tulisit niin voimalla.
Sekoittaisit ajatukseni pahemmin kuin syysmyrsky.

Iskisit vaahtopäitä vasten kasvoja,
ryöppyisit yli ja ohi.
Jättäisit loputtoman kaipuun.

Halusin vain olla hiljaa

Mikä siinä on, että sydän yhä metelöi,
kun halusin sen olevan vain hiljaa.

Minne karkailee ajatus,
kun toivoin sen hetkeksi pysähtyvän.

Siellä ne poukkoilevat vuorotellen,
kieppuvat kikattelevan tuulen mukana,
lipuvat leikkisillä laineilla,
herättelevät henkiin unohtuneiden muistojen hennot siivet.

Kun halusin vain olla hiljaa.

Helli vähän liikaa

Anna minulle
heinänkorsi,
ahomansikka,
vehreä alku
aamuun.

Helli vähän liikaa,
niin se on juuri sopivasti.

Karista harteilta painavat taakat,
pyörittele pehmeäksi.

Halaus

Halaan sinua tänään pitkään
rakas ystäväni.

Niin pitkään,
että lämpö leviää sydämeen saakka
ja unohtuvat vuosisataiset murheet.

Pienen pojan punaiset kengät

Utuinen aamu.
Aurinko yrittää tulla
mutta lokakuun pilvi työntää
sen sivuun. Ilmassa tuoksuu
mennyt myrsky.
Penkki muistaa tuhat tarinaa.
Pienen pojan punaiset kengät.
Valkoisten hampaiden välkkeen.
Hypyt yhä korkeammalle.
Kato, äiti,
kato, äiti kato!

Tytön, joka odotti taas
yhtä kirjettä.
Odotti odottamistaan.
Luki penkillä vanhaa postia,
jonka reunat jo repsottivat.
Lupauksia.
Oliko niitä tapana pitää?

Miehen kellastuneessa ylioppilaslakissa.
Kuistille unohtuneeseen kävelykeppiin
oli tikka nokkinut loven.
Taskussa pitsireunainen nenäliina,
tuhkaksi tuuleen kadonneen
rakkaan nimikirjaimet.
Naisen, jonka silmissä syvä menneisyys.
Hyvät herrat, huonot herrat.
Kulkurit ja keikarit.
Eteenpäin, ei koskaan taakse,
eteenpäin.

Vesi kuiskaa, muistatko.
Taivas huokaa, tunnetko.
Puut keinuttelevat lehtensä aivan penkin
viereen. Penkki on vaiti, antaa muiden
elää vain. Muistaa.
Jaksaa muistaa.

Äiti, tanssi taas hississä

Olipa kerran elämä.
Sellainen vähän vihreä.
Vesimiehen aika loi siihen
valoisia sävyjä.
Joki tummaa toi, järvi viileää.
Joskus helpompi on, kun yrittää
vain hengittää.

Hei ihana hurja elämä.
Paljon kokenut oot kaukana ja lähellä.
Hippityttö pää täynnä kiharaa.
Rauhaa, rakkautta, riemua ja
hyvyyden voimaa kaikkivoipaa.

Äiti, tanssi taas hississä,
heilu lattialla koko pitkä matka
korkealle.
Pidä sitä tuttua ääntäsi,
kun niin paljon nauratti.

Rannalla vesi osuu varpaisiin.
Silmät auki ja kii, niin kuin sydänkin.
Vesi virtaa, virtaa vaan.
Sanoit, jonkun päivän olisit vaihtanut
pois. Mutta näin ne ilo ja suru vuoroin
soi, kun täällä hetki kuljetaan.

Äiti, tanssi taas hississä,
heilu lattialla koko
p i t k ä   m a t k a
k o r k e a l l e .
Pidä sitä tuttua ääntäsi,
kun niin paljon nauratti.

Väsymyksen määrä

Miten väsymyksen määrä mitataan?
Onko se sohvalla makaamisesta suuttunut selkä.
Pino puhumattomia tunteita.
Hetki, josta ei erota alkanutta aamua tai loppunutta yötä.

Kauppakassi, jossa on liian monta litraa maitoa.
Väkinäisiä askelia maisemassa, jonka osaa ulkoa vaikka
silmät kiinni. Viesti, jota ei jaksa kirjoittaa loppuun.

Onko se haave, jonka lakaisee pölyiseen nurkkaan?
Ai, siellä oli jo muutama ennestään.
Onko se sen pituinen kuin päivä, jolloin ei katso toista
kertaakaan silmiin.

Miten ne nukkuvat yönsä?

Miten ne nukkuvat yönsä?
Ne jotka pommittavat koteja.
Ne jotka eivät päästä tyttöjä kouluun.
Ne jotka repivät perhoselta siivet.
Ne jotka lyövät toisen maahan.
Ne jotka sanovat, että ilmastossa
kaikki hyvin.

Ne jotka pitävät vangittuna sitä
joka ei suostunut sanomaan,
miten ne halusivat.

Ne jotka silpovat, riistävät, tuhoavat,
rikkovat, mässäilevät, kylvävät epätoivoa
ja kuolemaa.

Näkevätkö ne koskaan painajaisia,
kieriskelevätkö hikisinä tuskissaan?
Vai nukkuvatko kuin lapsi?
Jonkun äidin vastasyntyneitähän
hekin alkujaan.

**Saman auringon
alla kasvaneet.**

Sateenkaari

Maailma on kesken,
ihminen maailmassa keskeneräinen.

Seiso selkä aurinkoon päin,
katso kuinka auringonsäteet osuvat vesipisaroihin
ja valkoinen hajoaa väreiksi.

Toivoa on, että vielä tänne mahtuisivat
kaikki maailman sävyt.

Hengitys

Muista hengittää.
Paino pois rinnaltasi.
Tuulen rytmissä.

Hui kauhistus,
tähänhän alkaa tottua.
Paikoilleen jäämiseen.

Tukka seikkailunhalusta
sekaisin.

yksi

Olen yksi
muiden joukossa,
osa sukupolvien ketjua,
ainutlaatuinen tähti äärettömyydessä.

Olen virke historiankirjassa,
siveltimen veto ihmiskunnan kokoisessa
maalauksessa.

Erilainen, samanlainen.

Marraskuu

Mikä siinä on,
kun marraskuun matalissa
iskee väsymys julma,
ei siinä auta edes sohvan kulma.

Mikä siinä on,
kun melkein olemasta lakkaa,
jaksaa vain tuijottaa takkaa
tai pientä kynttilänpätkää.

Mikä siinä on,
kun hetkessä seuraavassa
joku ottaa kädestä
ja sanoo, eiköhän me selvitä.

Yhtäkkiä voi olla viimeinen sunnuntai

Mitäkö mietin? Hyttynen yrittää inistä korvan juuressa, tähtää kämmenselkään. Sen äänen peittää alleen pihapuiden lintujen sirkutus. Kaikkialla kukkii, rönsyilee. Vehreä vihreä puskee läpi. Ilmassa tuoksuu kesä: herukkapensaan lehdet, hopeapaju, kuusenkerkät, auringonlasku. Imen sisääni kaikkea tätä valoa ja lämpöä ja kesän runsautta. Onni on tässä.

Yritän painaa sen mieleeni ja muistaakin, koska taas on tullut suru-uutisia. Elämä osoitti, että lopulta kuolema on kovin suuri ja alleen peittävä, syöksyy nurkan takaa äkkiarvaamatta. Yhtäkkiä voi olla viimeinen sunnuntai. Miksi siis hötkyillä? On annettava tilaa ajatuksille ja levolle. On mietittävä, mikä on oikeasti tärkeää.

On oltava ihmisiksi. On oltava ystävällinen niin monelle kuin mahdollista, niin usein kuin mahdollista. On annettava myös periksi. On myönnettävä virheensä ja pyydettävä anteeksi. On lupa olla kiukkuinen ja murheellinen mutta satuttaa ei saisi. On elettävä niin, ettei itseenkään sattuisi liikaa.

On pidettävä huolta itsestä ja muista. On yritettävä elää tällä pallolla niin, että tuo hyttynen inisee vielä tulevienkin polvien korvanjuuressa, linnut laulavat ja pihlaja kukkii aina vain. On sanottava ihmisille, että välittää heistä. On kysyttävä, mitä heille kuuluu ja kuunneltava myös vastaus.

On annettava ja saatava rakkautta. Ei vain yhdenlaista vaan monenlaista. Kiinanlaikkuköynnös tuossa yläpuolella varistelee kukkasia päähän. Pilvet liikkuvat hiljaa, valonsäde osuu puunoksaan ja saa miettimään, kuka sieltä nyt tervehtii.

Taitekohta

Heijastus. Kesä. Pikkuisen ikävöin sinua, sitä iloista kujeilevaa otettasi, kun on vähän väliä olevinaan onnensa kukkuloilla. Ihminen riehaantuu piehtaroimaan siinä lämmössä ja valossa. Kesä, menit jo, mutta tiedän, että tulet taas. Ihan pian kurkit sieltä kellastuneen vaahteranlehden, pakkasenpureman ja neiti kevään takaa. Mitäpä minä siis perääsi nyyhkimään, kun aina palaat kuitenkin.

Syksy. Olen valmis. Onneksi olet edennyt varovaisin askelin, et ole hyökännyt yhtäkkiä nurkan takaa ja pelästyttänyt niin, että joutuisi käpertymään ihan pieneksi, johonkin piiloon. Olet antanut hurjia tuulia mutta myös ilahduttavia säteitä ja lohduttavia auringonlaskuja. Pidät kaikin voimin kiinni vihreästä. Voit antaa kohta jo periksikin, antaa vuodenajalle mahdollisuuden. Anna ruskasi loistaa lokakuussa, niin että marrasharmaa tuntuisi tavallista lyhyemmältä. Näytä mihin sinusta on. Kerro, että voit olla yhtä lohdullinen ja voimaannuttava kuin mikä tahansa neljästä vuodenajasta. Koska vielä meillä ne on, neljä ihmeellistä vuodenaikaa.
Vielä meillä ne on.

Aamut

Nämä aamut kuuran helminä pisaroivat.

Puraisevat poskipäitä, nipistävät nenää.
Nämä helmeilevät, kuulaat aamut.
Välkehtivät hennot valonsäteet.
Ihmetyksestä kipristelevät korret.
Ilmassa väreilevä vilu.

Ihanat, puhtailta tuoksuvat aamut.

Kuu

Vaikka minut puolittaisit,
kokoaisin palaseni yhä uudelleen
ja ulvoisin hulluna kuuta.

Kuu II

Jos et tiedä, kysy kuulta.
Sen kalpeat kasvot ovat viisaammat kuin arvaatkaan.
Kysy kuulta, ja löydä vastauksesi vasten pastellitaivasta
tai tummaa yötä.
Kysy kuulta.
Toisinaan se tekee hulluksi.
Joskus sekoittaa ääriviivat.
Mutta osaa olla lempeäkin.
Tai ehkä se ihmettelee kaukana, miten
ihmiset kamppailevat kukin omia kamppailujaan,
toistensa yli.

Väsynyt, ahdistunut, vaikea

Liekki loimottaa, ikiaikainen tuli,
jota tuijottaa, kun ei muuta enää
oikein jaksakaan.

On takana taas yksi päivä,
jolloin kaikki tuntui
melkein mahdolliselta,
mutta sitten joku ilmoittaa,
että nyt taas kuuluisi romahtaa.
Väsynyt, ahdistunut ja vaikea.
Olen väsynyt, ahdistunut, vaikea.

Jospa kynttilänkin sytyttäisi
tuohon viereen, se voisi tuoda
ihania asioita mieleen.
Tikkuaski ei ole mun puolella,
kun jo viidettä yritän sytyttää huolella.
Se katkeaa, olo ratkeaa,
saako jo maahan kellahtaa…

Väsynyt, ahdistunut ja vaikea.
Olen väsynyt, ahdistunut, vaikea.

Jaksoin puurtaa koko päivän, tulla,
mennä, nähdä, kokea, purra hammasta.
Vähän unelmoidakin. Mutta en jaksa
mennä lääkäriin. Sanoisin sille kuitenkin
vain niin, että väsynyt, ahdistunut ja vaikea.
Olen väsynyt, ahdistunut, vaikea.

Istuin sohvannurkkaan
tulta katselemaan,
liekkejä siinä kuuntelemaan.

Pelottaako suakin pysähtyä?
Kun on liikaa aikaa miettiä.
Miten väsynyt, ahdistunut ja vaikea,
on väsynyt, ahdistunut, vaikea.

Tuli lumi, sydän suli,
syttyi ikkunalle kynttilä.
Tuli valonpilkahdus, toivonkipinä.
Sanoi sanan toinen ihminen,
se kantaa läpi pimeyden.
Väsyneet, ahdistuneet ja vaikeat.
Yhdessä väsyneet, ahdistuneet, vaikeat.

Ihminen

En muista jokaista yksityiskohtaa
mutta muistan monta.

Yhtäkkiä olit siinä. Näit minut.
En tiedä mitä ajattelit minusta.
En vieläkään tiedä.

Tiedän vain, että tulit
sopivalla hetkellä.
Kun ihminen tarvitsi ihmistä.

Tuli

Tuli roihuaa uutta ja vanhaa.
Lausumattomia lupauksia,
päällekarkaavia pettymyksiä,
hallitsematonta halua,
sykähdyttäviä sanoja.

Tuli roihuaa uutta ja vanhaa.
Vie mielen väkisin menneisyyteen,
yrittää ohjata eteen, vaikka nojaa taakse.
Hakee tukea sieltä, täältä ja tuolta.
Kohtaa rutikuivaa ja vielä kosteaa.
Tuli roihuaa uutta ja vanhaa.

Elää niin julmetun suuren tahdon varassa,
että sydän ei aio antaa periksi,
vaikka järki koittaisi mitä huutaa.
Tuli roihuaa uutta ja vanhaa,
eikä sammuta toivoa koskaan.

Se on sinussa

Se on sinussa.
Kaikki se voima ja kaipaus.
Tulinen tahto ja uteliaisuus.
Jano, jota eivät sammuta
pienet lammikot.
Liekki, joka roihuaa taltuttamatta.
Hyvä tahto, pieni ikävä ja
hiuksenhieno lohtu.
Silmistä sen näkee,
älä muuta yritäkään sanoa.

Pienet ihmeet

Kun muistaa
maailman olevan
täynnä pieniä ihmeitä,
voi nähdä nenäänsä pidemmälle
ja kurkottaa korkealle.

Voi kuulla hanhiparven muuttovalmiit siivet
ja puista alas varisevat lehdet.
Voi tulla onnelliseksi metsäpoluista ja puolukanvarvuista.
Voi olla isosti utelias mutta vähän varovainenkin.
Voi hämmästellä ja rakastaa loputtomasti.

Jossakin kuolee ihminen

Kun räystäästä tippuu pisara sulanutta lunta vuoden viimeisenä päivänä,
jossakin kuolee ihminen.

Kun tuuli heiluttaa puiden latvoja lähimetsässä,
jossakin kuolee ihminen.

Kun istumme saunanlauteilla ja nautimme kuin viimeistä päivää,
jossakin kuolee ihminen.

Kun kävelemme rantaan kuuntelemaan jäänpauketta ja katselemaan
taivaanrantaan, jossakin kuolee ihminen.

Kun pidän kiinni kädestäsi vuoden viimeisenä päivänä,
jossakin kuolee ihminen.

Jäähyväiset

Sivele minua,
kuule, kuinka vielä hengitän.

Kaiken tahtoni voimalla.

Ei ihminen ole kovin valmis
päästämään irti elämästä
silloin kun elämä on kesken.
Kun olisi vielä ollut pikkuisen tehtävää.

Mutta jos se on tahtosi,
että elämäni on tämän mittainen,
anna minulle rauhasi,
kutsu sinne,
jossa en ole enää kesken.

Jää vain ihmisen kokoinen hetki,
hiljaisuudesta syntyvä laulu.